Zhongguo Wenhua
Zhishi Duben

中国文化知识读本

大昭寺

主编 金开诚

编著 栾玲玲

吉林出版集团有限责任公司

吉林文史出版社

图书在版编目（CIP）数据

大昭寺 / 栾玲玲编著 . —长春：吉林出版集团有
限责任公司，2010.5（2022.1 重印）
（中国文化知识读本）
ISBN 978-7-5463-2925-3

Ⅰ . ①大… Ⅱ . ①栾… Ⅲ . ①大昭寺 – 简介 Ⅳ .
① K928.75

中国版本图书馆 CIP 数据核字（2010）第 079145 号

大昭寺

DA ZHAO SI

主编/ 金开诚 编著/栾玲玲

责任编辑/曹恒　崔博华 责任校对/王新

装帧设计/曹恒 摄影/姜山　潘秋明 图片整理/董昕瑜

出版发行/吉林文史出版社 吉林出版集团有限责任公司

地址/长春市人民大街4646号 邮编/130021

电话/0431-86037503 传真/0431-86037589

印刷/三河市金兆印刷装订有限公司

版次/2010 年 5 月第 1 版 2022 年 1 月第 5 次印刷

开本/650mm×960mm 1/16

印张/8 字数/30千

书号/ISBN 978-7-5463-2925-3

定价/34.80元

关于《中国文化知识读本》

　　文化是一种社会现象，是人类物质文明和精神文明有机融合的产物；同时又是一种历史现象，是社会的历史沉积。当今世界，随着经济全球化进程的加快，人们也越来越重视本民族的文化。我们只有加强对本民族文化的继承和创新，才能更好地弘扬民族精神，增强民族凝聚力。历史经验告诉我们，任何一个民族要想屹立于世界民族之林，必须具有自尊、自信、自强的民族意识。文化是维系一个民族生存和发展的强大动力。一个民族的存在依赖文化，文化的解体就是一个民族的消亡。

　　随着我国综合国力的日益强大，广大民众对重塑民族自尊心和自豪感的愿望日益迫切。作为民族大家庭中的一员，将源远流长、博大精深的中国文化继承并传播给广大群众，特别是青年一代，是我们出版人义不容辞的责任。

　　《中国文化知识读本》是由吉林出版集团有限责任公司和吉林文史出版社组织国内知名专家学者编写的一套旨在传播中华五千年优秀传统文化，提高全民文化修养的大型知识读本。该书在深入挖掘和整理中华优秀传统文化成果的同时，结合社会发展，注入了时代精神。书中优美生动的文字、简明通俗的语言、图文并茂的形式，把中国文化中的物态文化、制度文化、行为文化、精神文化等知识要点全面展示给读者。点点滴滴的文化知识仿佛繁星，组成了灿烂辉煌的中国文化的天穹。

　　希望本书能为弘扬中华五千年优秀传统文化、增强各民族团结、构建社会主义和谐社会尽一份绵薄之力，也坚信我们的中华民族一定能够早日实现伟大复兴！

目录

一 大昭寺史事述略 001
二 松赞干布求婚 017
三 藏汉友好象征 037
四 大昭寺的宗教生活 051
五 大昭寺与藏传佛教艺术 083

一 大昭寺史事述略

拉萨市中心的大昭寺，又名"祖拉康"（藏语意为佛殿），它是西藏的第一座寺庙，同时它也是唐蕃友好的象征。始建于公元 647 年（唐贞观二十一年），建成于公元 650 年（永徽元年）。

在历史上，尼泊尔与中国的关系源远流长，很早就与中国展开了贸易通商。到李查维王朝时期，由于尺尊公主远嫁吐蕃王松赞干布，中尼关系发展到一个顶峰。传说，尼泊尔国王的女儿尺尊公主美若天仙，她的美名甚至传到了喜马拉雅山另一端的吐蕃，当时的吐蕃王松赞干布被她的美丽深深吸引，于是派专使来到尼泊尔求

大昭寺是一座著名的藏传佛教寺院

大昭寺

婚。公元 639 年，松赞干布将尺尊公主封为王妃。佛教也伴随着尺尊公主来到了中国的西藏高原。而松赞干布的第二位妻子就是唐朝的文成公主，文成公主也把唐王朝的先进文化引进西藏。两位公主协力合作，改变了日后整个西藏的社会和文化。大昭寺就是松赞干布迎娶唐文成公主、尼泊尔尺尊公主后，由藏族劳动人民为主体建成的，距今已有一千三百多年的历史。

（一）大昭寺的建立背景

大昭寺是随着藏传佛教在青藏高原特殊的人文地理环境下初传而建立的。佛教流入之前，西藏盛行的是苯波教。苯波教

大昭寺广场

没有经典，没有系统教义，近乎原始宗教，相信天地有灵，主要功能是占卜，禳灾，降妖。公元 7 世纪初，松赞干布制定严明法规，制定人伦道德法规包括敬慕贤哲，善用资财，以德报德，秤斗无欺，不相嫉妒，和婉善语，心量宽宏等。同时还发明藏文，翻译佛教典籍，迎请佛像，建造寺院。西藏人民传说文成公主是白度母，尺尊公主是绿度母，读做卓玛，是观音菩萨的两滴眼泪的化身，相信她们是来救苦救难的。大小昭寺就是在此人文背景下建立的。

（二）大昭寺的建造原因

大昭寺距今已有一千三百多年的历史

大昭寺是藏王松赞干布为了建立一个

大昭寺

每年来大昭寺参观的
国内外游人络绎不绝

传播佛教的基地而着手建造的。此后成了历代赞普传承佛法的主要寺庙。8 世纪赞普赤松德赞在建造桑耶寺所立石碑中就提到："赞普松赞干布时，建立了逻婆白哈尔（大昭寺古称），弘扬佛法，此后到赞普赤德祖赞时，又建立了扎玛瓜洲神殿……"这说明不仅松赞干布建造了大昭寺，而且历代赞普都建有寺庙。

关于修建大昭寺的起因，达仓巴《汉藏史集》有详细的叙述："文成公主谒见藏王，然后藏王、两位公主及随臣欢聚一起，极其高兴。后来藏王想起要建造安放佛像的大昭寺，于是，藏王说：'百姓们，你们帮我把寺庙建起来。'命令下达后，大家分赴各地，为建造寺庙做准备工作。"

藏王先给百姓以丰盛的酒、食物，然后布置具体任务。有的去烧砖，有的去垒墙，有的去和泥，不久就把底层砌起来了。从以上记载看，松赞干布建造大昭寺的目的是为了传播佛教，以巩固赞普的统治，并以此为基地，把佛教弘布到全藏各地。

（三）大昭寺的历史沿革

公元 8 世纪上半叶，吐蕃大臣玛香冲巴吉独揽大权，他推行灭佛政策，大昭寺被大规模地破坏。到了公元 8 世纪下半叶，赤松德赞时期大力弘扬佛法，大昭寺得到修复。其间，经元、明、清历代多次

大昭寺前的朝拜者

大昭寺

转经筒

修整、扩建，才形成如今的规模。在修建大昭寺的同时，在稍微靠北的地方修建了小昭寺，供奉文成公主从长安请来的释迦牟尼 12 岁等身坐像。大约过了七八十年，佛祖 12 岁等身像移到了大昭寺供奉。

（四）大昭寺的传说

史书上记载，大臣禄东赞和吞米三布

松赞干布与文成公主、尺尊公主像

扎，遵照藏王松赞干布意旨，迎娶文成公主和尺尊公主。两位公主各自带来了一尊珍贵的释迦牟尼的佛像，作为最贵重的陪嫁。尼泊尔公主带来的是释迦牟尼8岁时的等身像；文成公主从长安请来的是一尊12岁的释迦牟尼等身佛像。这两尊佛像是最早进入雪域高原的佛像。为了供养神圣的佛像，松赞干布开始修建西藏佛教历史上最早的佛教建筑物——大昭寺和小昭寺。关于大昭寺的建造过程，流传着许多动人的神话故事。

据说松赞干布向尺尊公主许诺，他抛下戒指，在戒指所落之处修建佛殿。松赞干布的戒指，最后落到湖内，霎时湖面金

大昭寺广场一景

光闪闪，并且出现了一座九级白塔。在这令人称奇的选址过后，尺尊公主在松赞干布的支持下，便开始了大规模的动工填湖，兴建大昭寺。

相传建大昭寺时，几次均遭水淹。文成公主会堪舆，即今天我们所说的会看风水。藏王请文成公主按照中原察看风水、八卦运算的方法来帮忙建造。文成公主运

大昭寺在藏传佛教中拥有至高无上的地位

用阴阳五行算法，把整个西藏的地形画了出来，并测算了周围地形的吉凶。看完地形，文成公主指出雪域之地犹如罗刹魔女仰天大卧，而卧塘湖正好是魔女心口上的胸骨。她认为要填平卧塘湖，并在上面盖起寺庙，才能消灾驱魔。藏王一心想"发挥胜妙之功德"，于是便听文成公主的建议。在卧塘湖上修建释迦牟尼佛殿，在红山、药王山上修建国王宫殿。接着文成公主为了彻底驱除地煞，按照五行算法，又在大昭寺东南角上，用石头雕刻了一尊大自在天王；在西南角上，用石头雕刻了一只大鹏鸟；在西边，修起了石塔；在北边，

大昭寺

关于大昭寺的传说有很多

建成了石狮，都从不同方向向外看。这在各种史籍中都有记载，我们至今仍可在大昭寺外墙的各个部位看到。并且松赞干布遵守了当初迎娶唐、尼公主时所定的信约，规定大昭寺门朝西，小昭寺门朝东。

大昭寺位于拉萨卧塘平原的中心，别名又称"四喜奇幻寺"。传说初建大殿时，天众、龙众、歌众、夜叉四者皆大欢喜，故得名。藏语又称大昭寺为"觉康"，意为释迦牟尼佛殿，全称是"日阿萨出朗祖拉康"，意为"羊土幻异寺"。为什么又有这一称呼呢？

大昭寺建造时曾经以山羊驮土，因而

大昭寺史事述略

文成公主入藏有着动人的
传说

最初的佛殿曾被命名为"羊土神变寺"。山羊是建造寺院主要的运输工具，就是依靠着山羊驮土硬生生地把这个湖泊填平了。藏族民歌这样唱道："大昭寺未建大昭寺建，大昭寺建在卧塘湖上面。"为了感激羊对大昭寺的贡献，纪念建寺时山羊搬沙土所立下的功劳，大昭寺在佛殿的墙角边做了一个小山羊的塑像，并且涂饰金子。很多当地人把它当做神羊，经常来膜拜。

拉萨 la 在藏语里是佛的意思，sa 是地的意思。而最早拉萨不叫 lasa，古文书上称为 rasa，ra 是山羊的意思，sa 代表土

大昭寺

地，合在一起意为山羊建的地方。因为修建了佛殿，里面供奉了佛祖的像，有佛经、佛塔，吸引了四面八方的信徒来这里朝圣，于是这里被公认为是有灵气的地方，是佛地。今天的拉萨这个名字就是从大昭寺演变而来的。

传说毕竟带有神话色彩，是人们出于美好意愿虚构的。大昭寺填湖而建，这却是事实。且不说至今拉萨城郊还残留着众多的沼泽，就在大昭寺内，也保留着历史的见证。在主佛殿一侧的黄教祖师宗喀巴的塑像下，有一扇不起眼的小门。门内别

屋顶的卧鹿与金法轮

大昭寺史事述略

大昭寺吸收了汉、藏民族的技术精萃建造而

无他物，只有一眼黑洞洞的深井，井壁由原木叠垒而成。据说这井底便是原来的湖底，当年填湖填到这一井之地时，就怎么也填不住了，因为这里是泉眼。最后只好以粗原木筑井，然后在井上施工建寺。以前这里是禁地，只在每年藏历四月十五日开启一次，投食下井，布施鱼鳖之族。另外，据藏文史书记载，大昭寺始建于公元647年，即是文成公主进藏以后。这位目光远大的公主进藏之时，除了带来丰富的典籍，而且带来了许多能工巧匠，其中也有技艺高超的建筑师。从今天大昭寺的建筑也可看出，大昭寺既具有浓郁的藏族韵味，也

大昭寺

明显融进了大量汉族建筑技术的精萃。

大昭寺一景

　　如果你来到大昭寺，会看到一百零八个人面狮身像，你一定会惊奇，它们的鼻子都是扁平的。相传，松赞干布也亲自参加大昭寺的修建过程，后来感动了天上的神仙，纷纷下来帮忙。一天松赞干布正手持着斧子上梁，尺尊公主的奴仆来送饭，看到有千千万万个藏王在那里，惊慌失措，赶紧回去报告尺尊公主。公主闻讯赶来，看到大吃一惊，不由惊叹出声，由于松赞干布当时正专心致志，突然听到尺尊公主的声音，手一抖，斧子不慎下滑，于是就将承檐的人面狮身像的鼻梁削平了。

二 松赞干布求婚

藏族民间故事是藏族民间文学的一个重要组成部分，是广大藏族人民在历史的长河中，拾取生产与生活的片断与记忆不懈地和大自然交流而编织出来的口头文学作品。远古时代，藏族先民就编织过不少神话传说，他们把自然界的日月星辰解释为神造的物体，认为万物都是神的赐予。

没有文成公主和松赞干布的结合，大昭寺便不会在藏区建立起来。在西藏这片宁静祥和的土地上，关于松赞干布和文成公主的婚姻还流传着一段神奇美丽的民间故事。

文成公主像

大昭寺

（一）料事如神的松赞干布

松赞干布与文成公主像

传说有一天，藏王松赞干布对他的大臣禄东赞说："久闻唐朝文成公主才貌双全，端庄娴雅，你如果能到内地将公主请来，不仅能使王室生辉，而且会给我们的经济、文化带来巨大好处，还能促进我们和大唐的关系。"大臣禄东赞回答说："唐朝国家清明，唐太宗仁政亲民，相传文成公主又聪明伶俐，如果他们问我们的情况，微臣该怎么回答呢？"松赞干布交给他三封信，并说："我已经料到唐太宗要问三个问题，信里我已经写得很详细了，到时你就照信里的内容回复即可。"于是禄东

大昭寺一景

赞怀揣这三封信，信心十足地出发了。

禄东赞和随从一路上跋山涉水，千辛万苦终于来到了长安。来到唐王的宫殿，禄东赞发现宫殿聚集了许多外国国王的使节。而且惊讶地得知印度佛国的国王格桑尔王也派人向文成公主求婚。唐太宗听别人说藏人吃生肉，住帐篷，十分落后，不愿意舍将文成公主嫁给藏王，所以也迟迟不愿接见禄东赞，禄东赞不气馁，发誓一定要完成藏王交给的任务，于是就租了一间房子，耐心等待机会。

一次，唐太宗出宫游玩，经过藏族使节的住处时，禄东赞连同其他随从早已等

大昭寺一景

候在此，于是唐太宗进入藏族使节住处，禄东赞向唐太宗呈上了一套制作精良的铠甲，并说："这套铠甲是我们藏王松赞干布敬献给您的，穿上它会抵御一切灾祸。我们藏王托我诚心诚意地向您和天朝尊贵美丽的文成公主表达敬意，并请求她能嫁到我们藏区来，缔结两族友好。"唐太宗说："尽管我知道藏王有超人的威望，藏族地区物产丰富，可不知你们是否有法律法规呢？"禄东赞暗中打开藏王给的第一封信，

松赞干布求婚

大昭寺内的转经筒

呈献给唐太宗，里面竟然是一整套详明的藏族法律十二种，唐太宗满意地点点头，又问："那么你们有没有佛学呢？"禄东赞展开第二封信，松赞干布在信中对唐王说："我一个人能化成五千种佛，能站在你们一百零八座庙宇的门槛上。"唐太宗看完第二封信，又问："不知道你们藏区粮食种类是否齐全呢？"禄东赞赶快呈献了第三封信，信中说："您若问我藏区的粮食是否齐全，我可以立刻变成一只冬鼠，把世界上所有的粮食全部集中到我的王宫来。"唐太宗看完这三封信说："我对你们藏王的回答十分满意，没想到你们藏区

治理得这么好。不过在你之前已经有许多
其他国家的国王向我提出和亲要求，因此
我只有通过智力竞赛，才能决定把文成公
主嫁给谁。你好好准备吧。"

（二）聪明睿智的禄东赞

第二天，求婚的使者全都集中到王宫
里，大家都在猜测唐太宗会出什么题。唐
太宗命人拿来一块玉石，并告诉众人说：
"谁能把丝线穿过这块玉石，就证明谁是

没有文成公主和松赞干布的结合，恐怕大昭寺也不会在藏区建造起来

聪明人，我就把女儿嫁给那个国家的王。"这块玉石的洞很小，并且洞还是弯弯曲曲的，求婚的使者费了很大的力气，都没能把丝线穿过洞去。禄东赞在其他使者试的时候冥思苦想，忽然他看到桌上牛奶碗里有一只小蚂蚁，灵机一动想出了方法。最后轮到禄东赞了，他不紧不慢，捉住了蚂蚁，在它身上系了一根丝线，把它放在洞的一端。众人都惊诧，不知道他葫芦里卖的什么药。只见他对蚂蚁轻轻哈气，蚂蚁

大昭寺广场上人头攒动

便顺着弯弯的洞向前爬，不一会，众人惊奇地发现，蚂蚁带着丝线爬过了洞口，众人都敬佩不已。禄东赞扯着丝线两端，骄傲地给唐太宗和其他人看，并对太宗说："您看到了吧，我们藏地的人不笨，现在我通过了测试，该把文成公主嫁给我们藏王了吧！"岂料唐太宗说："这还不够，还要另外举行一个比赛。"

接着，唐太宗给每个人一百头绵羊，叫他们同时杀，同时吃，并把皮子鞣好。谁先把绵羊吃完，鞣好皮，就把文成公主嫁给他所在的国家。外国使者们听到后开始大力吃，可是个个肚子撑得圆圆的，也

松赞干布求婚

唐太宗李世民像

没有把绵羊吃完。一个劲鞣皮子，手都鞣破了，也没能将羊皮鞣好，个个垂头丧气。可是禄东赞却想出了一个好方法，是什么方法呢？他请了一百个人，按顺序排列好，羊在后面排起。每人都吃一口，鞣一下羊皮，等传到第一百个人时，羊肉吃完了，同时羊皮也鞣好了。禄东赞对唐太宗说："您提出的这个问题，别的国家都没有办到，而我们又办到了，请把文成公主嫁给我们伟大的藏王松赞干布吧！"唐太宗说："这个还不够，我发给你们每个外国使节一百个罐子，你们谁先把罐子里的酒喝光，并且还没醉，我就把公主嫁给他所在的国家。"于是使节们急忙抱起罐子就喝，最后都喝得醉醺醺的，也没喝光。聪明的藏臣想，这可不能蛮干，于是他想出一个点子，按上次吃羊肉的方法，找了一百个人，按顺序排好，一人一口轮换着喝，等到第一百个人，酒喝完了，大家也没醉。唐太宗很高兴，对藏臣说："你真是一个聪明的人，以上几次比赛，别的国家都没有做到，唯独你做到了。不过，文成公主是皇室贵胄，我一定要给她挑一个好的夫君，你还要接受下面的考验。"禄东赞说："我会接受您的考验，证明我们藏王是大唐最好的女婿。"于是，下一场比赛开始了。

这次，唐太宗给每个国家的使节一百匹母马，再牵一百匹小马，让他们把小马牵到亲生的母亲身边。大家都一筹莫展，胡乱地辨认一番，也没能认对一对。禄东赞绞尽脑汁，心情平静地想了一会，渐渐地眉头舒展开来，让人将一百匹母马拴在一个房间里，再把一百匹小马关在另一个房子里。第二天早晨，先让人解开了母马，放它们到河边喝水，然后放了全部小马，小马于是便到河边各自找到了自己的母亲。以上各项任务，禄东赞全都圆满地完

如何辨认小马和它的母亲，难倒了许多国家的使臣

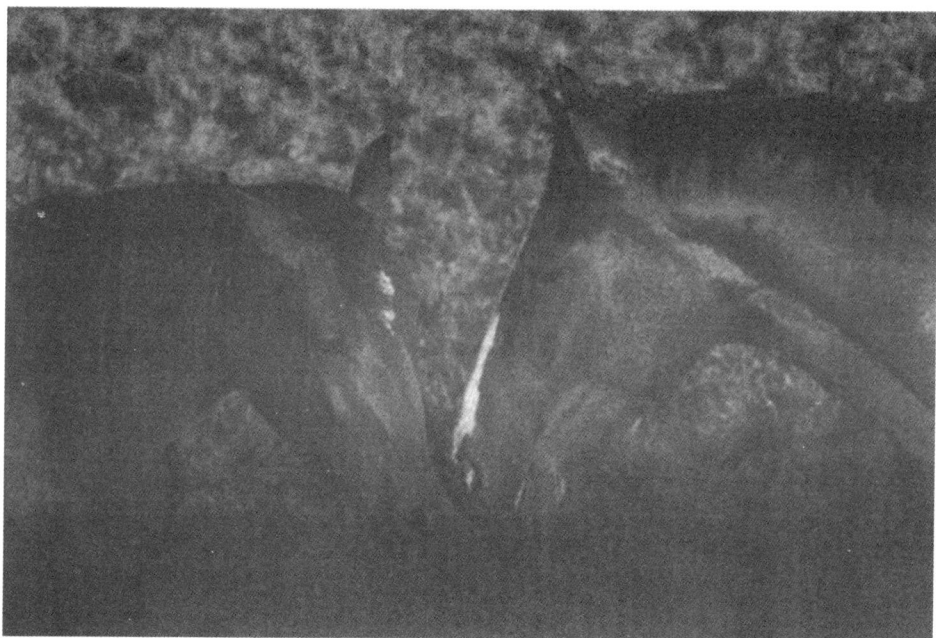

松赞干布求婚

成了，别的国家使节一个也没办到，禄东赞再次请求唐太宗把文成公主嫁给藏王松赞干布。唐太宗安慰他道："你很聪明，我很欣赏你，若明天通过最后一次智力比赛，你就可以如愿了。东大门有一个大院坝，院坝里面有五百公主列队，你要在这五百位公主里面挑出文成公主，我就信守诺言将她嫁到藏地。"禄东赞这下犯难了，心想：为了求文成公主进藏，我已经在唐太宗的宫殿里住了五年时间，现在进行了这么多次智力比赛，我都通过了，但明天能通过吗？现在是最关键的时候，如果不

大昭寺内的雕刻艺术

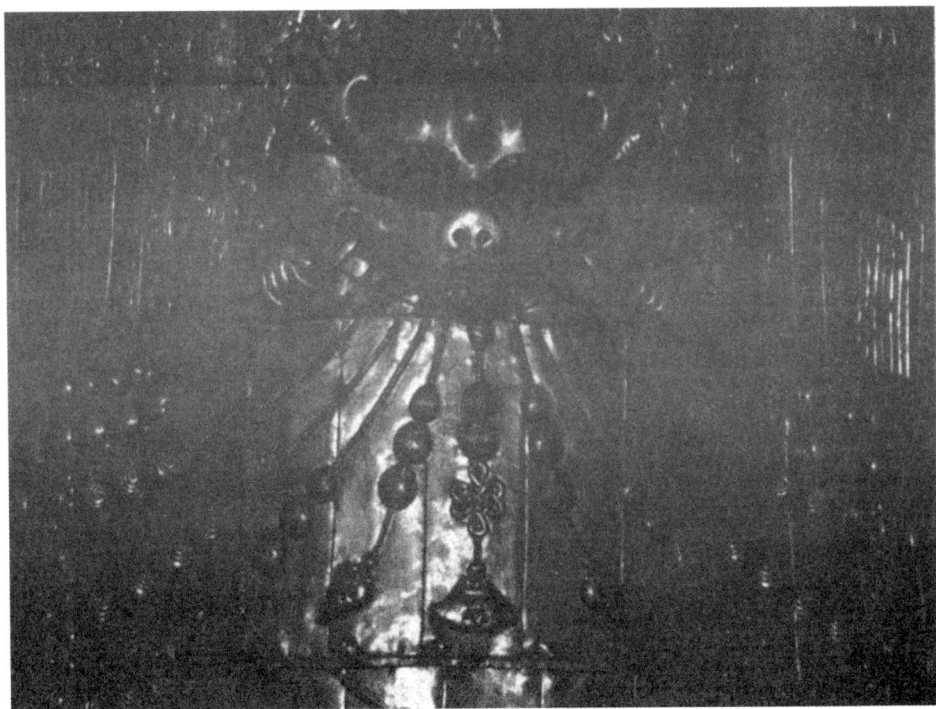

大昭寺

成，我这五年时间可都白白浪费了。禄东赞回到住处，一脸愁容。

禄东赞的房东是个善良美丽的女子，她早已经被他求公主进藏的诚恳和不懈的精神打动。于是便安慰他不要担心，说道："你是藏王的代表，你很有智谋，我很佩服你，明天你放心，我可以帮助你在五百位公主中一眼挑出文成公主。你要替我保密，不然我会被唐太宗惩罚，我可以告诉你文成公主的相貌。"禄东赞千恩万谢，于是他们两人商量好在房子里挖洞，挖了很深的时候，发现有很多有毒的蚂蚁。便在洞口盖了一层厚厚的树桠，上面放着铜

大昭寺因文成公主的入住
而放出异彩

锅，铜锅里放着满满的水，并盖了盖，女房坐在锅盖的跟前，禄东赞用了一个很长的筒听着。不一会，房东对他说："你千万不要从右边找，从左边开始找，左边第五个和第七个中间就是文成公主。她的身体不高也不矮，脸色白里透红，脸型有点像梅朵娥巴花。"禄东赞听好心的房东说完，顿时感到万分轻松。

开始选了，格桑尔王的国王和管家左看看，右看看，也没选出来，最后只好随便选了一个女子。其他国家的使节也只好抱着试试看的态度，照例随便选了一个女子。轮到禄东赞选时，他很激动，左望望，

热贡艺人创作的唐卡
《文成公主进藏图》

右瞅瞅，想着房东的话，仔细打量了一番，最后用一根小棒棒把从左边数第六个女子引了出来。唐太宗走到使节们面前说："你们都在大唐住了这么长时间，都恳求把文成公主嫁给你们，我只好用智力比赛方法来决定这件事。现在藏王的大臣在这次比赛中胜利了，我决定要把文成公主嫁到藏地，嫁给松赞干布。"

（三）深明大义的文成公主

文成公主也欣然同意，禄东赞对公主说："我们藏地并不像传说中的物产贫乏，没有法律，我们的生活也不是像传闻的那

松赞干布求婚

文成公主携带了许多
药物和医书等进藏

么穷。我们有高山，有草原，还有各种各样的动物，公主您不要担心。"文成公主说："我并不担心，虽然我知道藏地的生活肯定没有我在大唐生活舒适，但我相信你讲的话，而且知道你和藏王是有仁有志的人，而且藏地人民淳朴，我一定会和他们相处得十分愉快。我能嫁到藏地是一件荣耀的事情。"各国使臣对文成公主的胆识和见解都称叹不已。

文成公主回宫后，对唐太宗说："今后我就要到藏族地区去了，我请求您能让我带一些药物、医书并且带一些能工巧匠，让藏族人民学会我们的技术。"唐太宗欣

大昭寺

文成公主与松赞干布的
婚殿

然应允，并对文成公主谆谆教诲道："你
嫁到藏地，这是神灵的旨意，我虽然舍不
得，但也只能遵照承诺让你安心地走了。
走时，把藏族地地缺少的东西全部带上，
让藏地人民感受到我们对他们的感情。另
外到了藏地，切记一定要好好服侍藏王，
不要端公主架子。你是公主，更是他的妻
子，要关心平民，要辅佐松赞干布治理好
藏区，这是涉及汉藏关系的大事。"文成
公主回答说："我会谨记您的教诲，我想
带去释迦牟尼 12 岁等身像，光大佛旨。
我还希望您允许我把麦种、水稻种和蔬菜
种子带到藏地。"唐王全部答应了文成公

松赞干布求婚

至今藏族人民仍口耳相传，盛赞慈母般的文成公主

主的要求，并吩咐下面准备妥当。这样，文成公主就带着护送将士、佣人及满载着物资的车马浩浩荡荡地出发了。

从流传的这个故事看，藏族人民能迎来文成公主费了很多心血，禄东赞到唐朝请求文成公主入藏，等了五年，费尽了周折，终于成功了，最后才能把文成公主平安带到藏王那里。文成公主入藏后带来了汉族人民的情意，带去了农作物种子，带去了医书，传播了许多技术。从此，中原

文成公主入藏，不仅带去了内地的文明和技术，也带去了汉族人民的情意

地区的农具制造、纺织、建筑、造纸、冶金等生产技术和医疗、历算等科学知识传入吐蕃，吐蕃的药材和马匹也不断地运往内地，同时还派遣弟子到长安学习。文成公主与松赞干布的联姻，无疑对促进汉藏两族的友好关系和经济、文化的交流起到了积极的作用。

从故事中可以看到，唐太宗李世民英明守信，文成公主深明大义。至今藏族人民仍口耳相传，盛赞聪明坚贞的藏臣和慈母般的文成公主。

还有许多歌谣里也赞颂着：

文成公主需要什么？需要头饰。公主

松赞干布求婚

文成公主庙一景

有珊瑚琥珀，敬上银质的装饰。

文成公主需要什么？需要耳饰。公主有金质耳环，敬上银质的装饰。

文成公主需要什么？需要胸饰。公主有拉萨嘎乌，敬上银质的装饰。

文成公主需要什么？需要脚饰。公主有汉地靴子，敬上银质的装饰。

足见藏区人民对文成公主的爱戴，因为在一定程度上可以说，没有文成公主进藏就没有大小昭寺，没有大昭寺就没有拉萨市。

三藏汉友好象征

"情谊深厚的亲友像长在山岩上的翠柏，斧头也不能把它连根砍掉，翠柏的根深扎在岩石之中。情谊深切的亲友是开在草地上的鲜花,寒霜也不能把它扼杀摧残,鲜花的根深扎在草地深处。"藏族人民和汉族人民，自古就是情投意合的朋友，世世代代流传的民歌中传诵着两族人民的友谊。

在藏族人民的颂歌中，他们把藏汉关系比作鱼水情深，表现了藏族人民和汉族人民的朴素情感。藏族民间歌谣里有一首颂赞歌这样唱道："藏人汉人团结在一块，我们的心永远分不开; 就像哈达的经纬线，

哈达永远连接着藏汉两族人民的心

大昭寺

大昭寺是藏汉友好交往
的历史见证

紧紧密密地织起来。”还有一首名叫草原
和花是一家人的歌曲，大致内容是这样的：
“草原和花是一家人，花是草原的好朋友；
我的草原呀你别愁，花谢了明年还会开！
高山和雪是一家人，雪是高山的好朋友；
我的高山呀你别愁，雪化了明年还会落！
藏人汉人是一家人，汉人是藏人的好朋友；
我的藏胞呀你别愁，我走了明年还会来。”

大昭寺作为藏汉合作的杰作，许多建
筑都寄托着藏汉两族人民的情意，现在已
成为藏汉友好交往的历史见证。

（一）公主柳

来大昭寺的人也不完全是为了朝佛，

有人在磕过几个长头之后，便会到大昭寺广场西侧一个小院落墙外绕圈去了，还不时用额头恭敬地轻触墙边的石碑。围墙内屹立着一只老干虬枝的巨大枯柳，表皮尽褪的树干在阳光下反射着阵阵白光，让人觉得神秘莫测，这就是著名的"唐柳"。

相传这棵柳树是一千三百多年前，唐代文成公主远嫁西藏松赞干布，由于担心自己思念家乡，特地从长安带去的柳树苗种，植于拉萨大昭寺周围，以表达对柳树成荫的故乡的思念。因此，这些树被称为"唐柳"或"公主柳"。千百年来，西藏

唐柳又名"公主柳"

大昭寺

大地历尽沧桑，屡经战火，但人民一直把它当做藏汉两族缔亲的见证人一样精心保护着，尽管现在它只留下苍老的枯干，可人们仍然不忍心将它挖去，人们在枯树旁重植几株嫩柳，寄托着对"公主柳"的绵绵情思，同时也寓意藏汉团结又谱写了新的篇章。古柳苍劲，仿佛是历史的老人，倾诉着民族交往的往事，新柳迎风，像是俊逸的后生，祝愿更加团结的前程。

大昭寺门前的唐蕃会盟碑

（二）唐蕃会盟碑

松赞干布奠定了吐蕃与唐朝两百余年频繁往来的"甥舅亲谊"。后来唐朝又有一位公主和藏地的王缔结婚姻。公元710年，金城公主携带绣花锦缎数万匹，工技书籍多种和一些器物入蕃，嫁给了吐蕃王赤德祖赞。当时金城公主入藏后，资助于田（今新疆境内）等地佛教僧人入藏建寺译经，并向唐朝求得《礼记》《左传》《文选》等典籍。公元821年，吐蕃王三次派员到长安请求会盟。唐穆宗命宰相等官员与吐蕃会盟官员在长安西郊举行了隆重的会盟仪式。次年，唐朝派刘元鼎等人到吐蕃寻盟，与吐蕃僧相钵阐布和大相尚绮心儿等人结盟于拉萨东郊。此次会盟时间为

藏汉友好象征

《唐蕃会盟碑》立于公元823年

唐长庆元年（822年）和二年（823年），史称"长庆会盟"。记载这次会盟内容的石刻"唐蕃会盟碑"共有三块，其中一块立于拉萨大昭寺前。

在公主柳前，立着三通石碑。其中最引人注目的就是这座为纪念大唐和吐蕃最后一次会盟而立的"唐蕃会盟碑"。因碑文中强调了文成和金城两位公主嫁给前代赞普的事情，说明唐穆宗和赤德祖赞的舅甥亲缘关系，因此也叫"拉萨会盟碑""长庆会盟碑""甥舅会盟碑""唐蕃和盟碑"；藏语称为"祖拉康多仁（大昭寺碑）"或"拉萨多仁（拉萨碑）"。碑高342厘米、宽82厘米、厚35厘米，碑文用藏、汉两种文字。公元9世纪，唐朝与吐蕃王朝达成和好，以求"彼此不为寇敌，不举兵革""务令百姓安泰，所思如一"和"永崇甥舅之好"之目的。当时的赞普赤德祖赞为表示两国人民世代友好之诚心，立此碑于大昭寺前，碑文朴实无华，言辞恳切，虽然碑身已有风化，但是大多数碑文仍清晰可辨。

碑文详细记载了唐穆宗和吐蕃赞普可黎可足（赤祖德赞）和好的史实。公元7至9世纪，中国境内以唐王朝最强，吐蕃

《唐蕃会盟碑》碑文详细记载了唐王朝与吐蕃和好的史实

王朝次之。公元 641 年，唐太宗以宗室女文成公主许配吐蕃赞普松赞干布为妻，开创了汉藏友好交往的先河。9 世纪初，赤德赞普继位之时，因吐蕃连年征战，再加上内部连年分裂，势力大减；唐朝也因受安史之乱的影响，受到重挫，由盛转衰。因此，在此情况下，双方都愿意结成联盟，互相支持。于是在长庆元年（821 年），赤德祖赞遣使赴唐请盟。唐穆宗欣然应允，委派宰相等重臣十余人与吐蕃的使臣会盟于长安西郊。随后，唐朝又派了大理卿为会盟使节，跟随着吐蕃碑一同进入藏区。次年 5 月在拉萨设坛誓盟，第三年便勒石立碑记其事。记述了"舅甥二主，商议社稷如一，结立大和盟约"的经过、意义以

藏汉友好象征

大昭寺广场上的朝拜者

及唐蕃双方与盟官员的名单，表明了唐王朝与吐蕃政权以甥舅情谊会盟立誓，信守和好，合社稷为一家的共同愿望，成为当时各族人民情深谊厚的历史见证。

它像"公主柳"一样被人们当做民族团结的象征。藏族老人们绕柳而行，以额触碑，正是表达对历史往事的追思，对文成公主和松赞干布等为加强汉藏团结作出过杰出贡献的人物的崇敬之情。

（三）种痘碑

距唐蕃会盟碑南侧数米处，还前后排列有另外两通碑：后面的是一通无字碑，

大昭寺一景

根据碑制分析，约为明朝时所立。前面的是"永远遵行碑"（也叫劝恤种痘碑），种痘碑通高 3.3 米，宽 1.2 米，虔诚的百姓常常用卵石敲砸，年深日久，种痘碑已经遍体鳞伤，形成许多臼形窝坑。现在碑文模糊不清，但是在历史上不会遗忘它的功绩。

种痘碑是清朝乾隆五十九年 (1794 年)3 月驻藏大臣和琳所建立的。历史上西藏的科技水平一直要比内地落后，直到 18 世纪末期还不知道如何运用种痘来防治天花病的发生，也没有治疗之法。所以在藏区一直把出痘当做不治之症，对天

花病都十分恐惧。一有得天花者，便被视为绝症，亲人不相往来，弃之不顾。和琳到任以后，看到当时西藏天花流行，病人被赶到山野岩洞，任其死亡。作为驻藏大臣，他火速把情况呈报给中央。清政府了解到这种情况后，本着抚恤、关心藏区人民角度出发，就派遣清朝总理西藏事务大臣和琳在西藏北部浪荡沟投资修建房屋，把出痘的当地民众接到里面。和琳命人专门护理天花病人，尽心调养治疗。中央政府让他们安心居住，细心照料，发给他们口粮。并且还大规模在藏区传授接种牛痘的方法，在精心的治疗下，许多患者病情

大昭寺前的信徒

痊愈，幸运地存活了下来。

事后和琳还严谕前后藏，劝令班禅和达赖以后照此办理。为了纪念这一事件，事后在大昭寺前树立了这块种痘碑，让藏人懂得痘疹并非不治之症的道理，将接种牛痘的方法教给当地人民。从此，天花病这一藏区历史上的绝症，在当地彻底得到了治疗和预防。

大昭寺

四 大昭寺的宗教生活

在青藏高原，虔诚的佛教徒往往把朝拜寺庙当做人生大事，每当宗教节日到来，在大昭寺就有来自青藏高原各地的信徒朝拜，也有来自四川、甘肃的藏族聚居区的信徒。他们千辛万苦来到大昭寺，在佛像面前献上金黄的酥油，各种颜色的哈达，许多人一丝不苟地转着转经筒；也有许多人围着寺院经堂磕长头，他们全都匍匐在地，一步一叩头，态度严肃而虔诚，来到大昭寺就会感到佛教在藏族人民中间影响是多么深远。

（一）大昭寺换经幡

换经幡的日子是不能随便选的，必

寺院前磕长头的信徒

大昭寺

大昭寺前立着两根高高的经幡

须由西藏自治区天文历算研究所推算出藏历新年前的良辰吉日。日子定好前，寺庙的僧人要准备五十条长约二十米的五彩经幡，以及五颜六色的哈达，还需要寺庙里的僧人齐声念经并举行开光仪式。

根据民俗学家解释，五种颜色象征自然界的五种现象，这种现象是生命赖以存在的物质基础。当自然界天平地安、风调雨顺的时候，人间便是太平祥和、幸福康乐；当自然界出现灾害的时候，人间灾害重重、不得安宁。世世代代生活在高原上的人们对大自然的变化更为敏感。企盼人间太平幸福，首先应该希望大自然无灾无祸，于是用经幡上五种不同颜色的幡条来表示这种心理依托。这些经幡五彩缤纷，

大昭寺的宗教生活

大昭寺要在良辰吉日更换经幡

其颜色都有固定的含义。

用五彩经幡表现五行之理，加上藏文经文和"风马"图符，寄托了在高原严酷环境中生活的藏族群众，对生活和生命的无限向往和祝福，是寻求"天人合一"的创造。五彩经幡与汉藏传统中的"五行文化"密切相关，五色分别象征蓝天、白云、火焰、绿水和大地，同时代表木、金、水、火、土等构成世界的最基本的五种物质。

具体来说，蓝幡是天空的象征，白幡是白云的象征，红幡是火焰的象征，黄幡是土地的象征。这样一来，也固定了经幡从上到下的排列顺序，如同蓝天在上、黄

五彩经幡是寻求＂天人合一＂的创造

土在下的大自然千古不变一样，各色经幡的排列顺序也不能改变。另外，最常见的无字幡下有镶边的主幡。主幡颜色如同其他经幡一样有五色，镶边的颜色也有五色，但与主幡颜色绝不相同。按照传统习俗，换经幡这样的活动每年举办一次。拉萨大昭寺四周的五个大经杆更换经幡，迎接藏历年的到来。

据说经幡是由古印度女子身穿的纱丽演变过来的。在古印度，女子们都穿着薄薄的纱丽裙衫，丈夫远离家门时，妻子扯下身上的一块衣角挂在门口或树上为其送行。天长日久，布的颜色退了，年复一年，

大昭寺的宗教生活

大昭寺举行换经幡宗教活动

布丝被风吹走了。吹到哪里去了呢？据说吹到丈夫的身边了。随着佛教的兴旺，这纱丽变成了一块块薄薄的纱布，并染上了颜色，印上了经文和神像，成了今日的经幡。

换幡，首先要将已经褪色的旧经幡和哈达用刀子割掉，然后挂上新的经幡、哈达、彩布。取下的旧经幡将由寺庙的僧人收集起来，集中挂在山上或拉萨河边，不能随便丢弃。经幡的形制根据所挂地点场合，可分立柱式和悬挂式两种。大昭寺广场上的经幡柱柱顶装饰有镏金宝瓶、五彩华盖、牛尾，从上往下挂满一层层经旗。

届时，拉萨大昭寺僧人在大昭寺广场摆设象征五谷丰登的切玛，庆贺大经杆更换经幡。众多信教群众把写有祝福、祈愿的经幡系在经杆上，表达新年新希望。按照传统习俗，这样的活动每年举办一次。结束的时候，拉萨信教群众还会在大昭寺香炉前敬青稞酒，并且向天空抛洒糌粑，最后拉萨信教群众在大昭寺前敬香以庆贺经幡更换结束。

走过山口，走进寺院，走在河边，漫步于林间溪畔，都会看到一片片飘动的五彩经幡，藏民不仅会驻足欣赏，而且还可

大昭寺举行换经幡宗教活动

大昭寺的宗教生活

能在这人与神的"连线"前许下虔诚的心愿，或者送给亲人、朋友最真诚的祝福。

（二）朝拜释迦牟尼

在大昭寺的佛殿，里边有文成公主带来的释迦牟尼 12 岁等身像。藏族人认为它珍贵，不仅因为它的历史价值和文物价值，最重要的是藏区人民心目中认为这尊佛像和二千五百年前的佛祖一模一样。因为此尊佛像是释迦牟尼在世的时候，按照释迦牟尼本人的形象塑造的。塑完以后，释迦牟尼的弟子请佛祖给自己的佛像开光。据说这样的佛像全世界只有三尊，分

大昭寺佛殿内景

大昭寺

大昭守内的烛火

大殿内的转经筒

大昭寺的宗教生活

立柱式经幡

大昭寺主殿内供奉着
释迦牟尼佛像

大昭寺

释迦牟尼 12 岁等身像

别是释迦牟尼的 8 岁、12 岁和 25 岁等身像。开始时佛像都在印度，佛祖去世后，佛法开始向东南亚地区传播。8 岁等身像由尺尊公主带到西藏，存于小昭寺，现在已经不完整。原来存于印度的释迦牟尼等身像在宗教战争中掉进了印度洋。而 12 岁的释迦牟尼的等身像在南北朝时，从印度经过海上的艰难运输运到了长安，后来佛像作为唐朝文成公主的嫁妆，来到藏区。从长安到青海，再到藏区一共用了三年时间。由于大昭寺供奉这尊珍贵的释迦牟尼像，因此来这朝拜的人特别多。

藏历正月初一，到大昭寺朝拜佛祖释迦牟尼是拉萨人几百年间形成的习惯。十二月三十夜里，大昭寺举行一个送旧迎

大昭寺的宗教生活

新的法会。几个僧人登上楼顶吹奏金唢呐，唢呐吹得时间很长，悠扬的声音随着风一直飘到很远的地方。清晨，就有信徒排着长长的队伍在门外守候，他们冒着严寒，拿着酥油灯盏，依次到佛祖释迦牟尼像面前添油、顶礼，祈祷能够五谷丰登，人兴财旺，吉祥康乐。朝佛从晚上十二点持续到第二天下午五六点。

藏历五月是萨嘎达瓦节，是佛祖释迦牟尼出生、得道、圆寂的日子。多年来大昭寺形成了传统：上午僧徒和俗家信徒朝佛，还有许多人带来唐卡、佛像，请喇嘛念经开光。届时，僧俗信徒还要戒杀生，戒肉食，到大昭寺、小昭寺添灯供奉佛祖，

宗教节日里的人们

大昭寺

然后从大昭寺开始围绕拉萨城转经，藏语称为转"林郭"（转全城）。

（三）"十五的酥油花"——大昭寺传昭大法会

和拉萨其他寺院一样，大昭寺每年从藏历正月初八开始举行传昭大法会，一直持续到藏历正月十五。传昭大法会是西藏地区最大的宗教节日。拉萨哲蚌寺、色拉寺、甘丹寺三大寺的僧人都会集中在拉萨大昭寺。

据说传昭大法会是格鲁派的创始人宗喀巴大师于 1409 年在拉萨举行的祈祷大会传承下来的。格鲁派创始人宗喀巴学佛后，

传昭大法会上的喇嘛

大昭寺的宗教生活

来此朝拜的藏民们都要按顺时针方向走过并用手拨动经筒

为纪念佛祖释迦牟尼，于明永乐七年（1409年）正月在拉萨大昭寺举行了万人祈愿大法会。法会期间，宗喀巴梦见荆棘变成明灯，杂草化为鲜花，宗喀巴认为这是仙界在梦中的显示。为使大家也能看到仙界，宗喀巴组织人用酥油塑成各种花卉树木、奇珍异宝，再现梦境，连同酥油供灯奉献在佛前，这种活动沿袭至今。并且届时还

大昭寺

大昭寺朝拜的信徒

会举行格西学位考试，此后，传昭大法会的规模不亚于刚创立之时，内容也不断丰富。西藏其他地方的佛教信徒们从四面八方前来朝佛。慢慢地，祈愿大会演变成一个盛大的固定的宗教节日，一直到今天还十分盛行。

在一个寂静无比的小院，喃喃的念经声透过一个低矮的走廊飘入耳中，在大昭寺的诵经大殿，一百多名僧人盘膝而坐，低头吟诵佛家经典。法会主要是为了祈求新的一年风调雨顺，祝愿人们好运、长寿。大殿里，络绎不绝的信徒前来朝拜、听经和布施。大昭寺因为供奉着释迦牟尼的12岁等身像，因此在藏传佛教信徒的心中与

大昭寺的宗教生活

前来大昭寺朝拜的藏族老人

布达拉宫一样神圣。信徒们有的就住在附近，有的来自拉萨周边，有的来自更远的昌都、那曲等地，不远千里跋涉而来。许多人在供奉着释迦牟尼 12 岁等身像的佛堂前排队等待礼佛，脸上露出满足的微笑。

中间的休息时间，几个喇嘛进出倒茶，信徒们则向每位僧人布施。大昭寺外，八廓街上朝佛者们左手捻动佛珠，右手转动经轮，在这条转经路上一步一步地丈量，延续着他们千年不变的虔诚。

藏历元月十五日，也是传昭大法会的最后一天，是藏族人民规模宏大、绚丽缤纷的酥油花灯节。这是藏族盛大的宗教节日。藏历正月十五日，在藏区各大寺院举行的油塑展览，藏族称之为甘丹昂曲。每年各寺庙的喇嘛及民间艺人，用五彩酥油捏塑成各式各样的酥油花，挂在大昭寺两边事先搭好的花架上，用酥油制作花卉、神仙和人物，还有惟妙惟肖的飞禽走兽等。夜幕降临，酥油灯点燃之后，宛若群星闪烁，一片辉煌。

提到酥油花，它的历史也是十分悠久的。酥油花是藏族人民近六百年前创造的一门独特艺术。艺僧们用和有颜料的酥油，

酥油花艺术

沾着冰凉的清水，在宝塔形状的木版上塑造佛教人物、吉祥八宝以及其他具有美好象征的图案。关于酥油花这里有一个美丽的故事。传说一千三百年前，唐朝的文成公主嫁给藏王松赞干布时，从京城长安带来释迦牟尼12岁等身佛像，到了拉萨，亲自在八角街主持修建了富丽堂皇的大昭寺，供奉这尊佛像。藏族人民尊敬热爱文成公主，也崇信佛教，不知谁用藏族的最美食物酥油塑了一束鲜花，悄悄送到佛像前。从此，塑酥油花相沿传了下来，成了藏族人民的习俗。后来这种艺术还传到塔尔寺，题材和技艺都得到进一步发展，成为塔尔寺独具的油塑艺术。

酥油花的传说寄托着藏族人民对佛的

美好感情，根据佛教传统，用以供佛的物品有特殊规定。供花表示布施，涂香表示持戒，献净水表示忍辱，薰香表示精进，奉饭食表示禅定，供灯表示智慧。因时值冬日，六供物之一的鲜花无从觅得，只好用酥油塑成一束花，供奉佛前。

大昭寺僧人在制作酥油花

酥油花是藏族人民特有的艺术之花。酥油塑成的艺术品在其他气候温暖的地区是无法存在的。在大昭寺，塑酥油花是一种十分艰苦的艺术创造，一方面要有高超的技艺，一方面又要有吃苦精神。塑花要事先扎好各种图像的架子，在寒冷的冬春季节，艺人的双手要不断地沾着冷水捏塑，手热了，酥油容易融化，图像就塑造不成功。

根据藏历，阴历十五举行的酥油花灯会，大昭寺的僧人都要摆上精致的"十五的酥油花"。法会上会有一个喇嘛裸露着双臂，站在一个凳子上，熟练地把一盏纯金酥油灯里的酥油倒进桶里，再用酥油倒满那盏金灯。酥油花是需要大昭寺里六个僧人七天时间才能完成的，法会结束以后还要在大殿里供奉七天。就像内地正月十五热闹的元宵节，因此又有"十五的酥

大昭寺建筑屋顶金
碧辉煌

油花"之称。

（四）金瓶掣签

在西藏地区的寺庙中，大昭寺的声名
首屈一指，不仅因为它有悠久的历史、宏
伟的殿堂，更因为它在宗教、政治生活中
占据着特殊的地位。神秘地确认活佛"转
世灵童"的金奔巴瓶就一直保存在大昭寺
的佛殿里，这个小小的金瓶在藏族人民眼
中蕴藏着"无穷的法力"。

活佛转世是藏传佛教特有的传承方
式，公元 13 世纪，噶玛噶举派的黑帽系
首领圆寂后，该派推举一幼童为转世继承
人，从而创立了活佛转世的办法，此后各

金奔巴瓶

教派先后效法。公元 14、15 世纪之交，藏传佛教格鲁派创立，并逐渐形成了达赖喇嘛和班禅额尔德尼两大活佛系统。经过清王朝中央政府的册封和认定，达赖喇嘛和班禅额尔德尼在藏传佛教中的地位才得以确立。

在西藏宗教中寻访、认定转世灵童的形式方法多种多样，归结起来主要有非掣签方式和金瓶掣签方式。

非掣签方式有多种方法：可以按遗嘱、预言寻找。即根据活佛生前的授记、寓示的遗嘱或预言线索寻访认定；或者依征兆寻访，即按活佛去世时的法体姿态和火葬时浓烟的去向以及大喇嘛的梦兆等寻访认定，也可以依据护法神降神谕示。由护法神（吹忠）降神，指示活佛转生的方向、地点等，按此谕示寻访确认转世灵童。还有一种方式是观湖显现幻景寻访。根据西藏拉莫纳措圣湖中出现的幻景意测判断灵童出生的地方和物相而认定。

除了上面所说的方法外，还有一些更神奇的方法，比如说首先可以秘密寻访。选派德高望重的名僧、堪布及活佛生前的管家、近侍弟子化装成各种不同身份的人，分赴各地暗中查访、考察后认定灵童。过程是这样的：在卜算方位发现与活佛圆寂

寻找转世活佛是件非常神圣的事情

大昭寺

大致同时出生的男孩后，先观察其长相与动作，并进行智力测试，看其有无"灵异"现象。将活佛生前用过的物品与其他杂物混摆在小孩面前任其抓拿，让幼儿辨认活佛生前的遗物并且辨认共同相处的人，据说真正的转世灵童可以在众多物件中能一眼抓取活佛生前之物或在众多的人中辨认与活佛相处过的人，藏语系佛教称"宿通"。

选定灵童后，选灵童的人便嘱咐其家人要认真照看小孩，不让外人接触。同时回去向摄政等汇报。摄政择吉日邀请三大寺活佛和僧俗官员一起，再请乃均、曲均降神，如无误，则报告驻藏大臣，征求中央王朝的意见，并准备迎接。由侍候活佛

金瓶掣签

的三大堪布和官员、军队组成庞大的迎接队伍，前往接请灵童，连其家人一同接到拉萨。如果只选到一名灵童，就直接请驻藏大臣报请中央，请予免去"掣签"而直接册封。

但是有时会有许多灵童的特殊情况发生，如果有多名灵童，那就要召集摄政和大活佛、高僧及官员到大昭寺，由驻藏大臣亲自主持"金瓶掣签"活动，大昭寺的金奔巴瓶是清朝乾隆皇帝钦赐。这个金瓶披着五彩织锦瓶衣，外壁雕满精美的花纹，

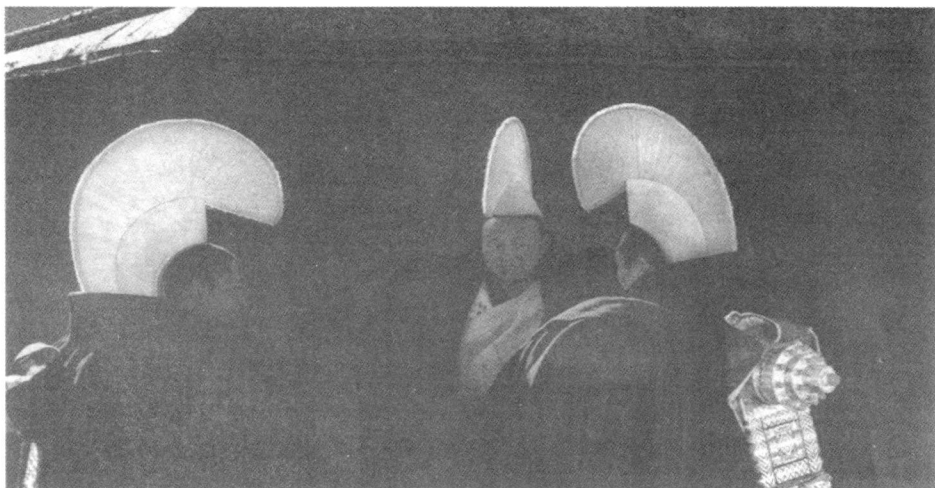

寺庙前的喇嘛

瓶中空，为一圆形签筒，内置五柄如意状象牙牙签。将写有各灵童姓名的签放入瓶内摇后当众掣出，定夺活佛转世灵童。定为转世者，其家人被封为贵族，落选者也有较好的安排。

格鲁派创始人宗喀巴的最小弟子根敦朱巴圆寂后，为防止内部分裂，于是袭用噶玛噶举派的转世办法，由根敦朱巴的亲属及部分高僧指定后藏达纳地方出生的一名男孩为根敦朱巴的转世，这就是二世达赖根敦嘉措，由此形成达赖喇嘛活佛转世系统。达赖喇嘛的尊号始用于三世达赖索南嘉措时期。1578 年，明王朝顺义王俺答汗赐予索南嘉措"圣识一切瓦齐尔达赖喇嘛"的尊号。此后，格鲁派依此称号追认根敦朱巴、根敦嘉措分别为第一世、第二

五世达赖像

世达赖喇嘛。1653年，清王朝顺治帝册封五世达赖为"西天大善自在佛所领天下释教普通瓦赤拉达赖喇嘛"，以中央政府的册封形式确定了达赖喇嘛的封号和地位。此后，历世达赖喇嘛都必须经中央政府册封，成为一项历史定制。

班禅，即班禅额尔德尼。藏传佛教格鲁派（黄教）两大活佛之一。班，梵语，意为精通五明的学者；禅，藏语，意为大，额尔德尼，满语，意为珍宝。清顺治二年（1645），和硕特蒙古固始汗尊格鲁派领袖罗桑·却吉坚赞为班禅（即班禅四世，前三世为后人追认）。康熙五十二年（1713），中央政府册封班禅五世罗桑意希为班禅额尔德尼，正式确定班禅额尔德

明早期鎏金铜制达赖
三世坐像

尼地位。此后历世班禅额尔德尼转世，必经中央政府册封，成为定制，驻日喀则。现世班禅额尔德尼为第十一世。

班禅额尔德尼·确吉杰布，即第十一世班禅额尔德尼。现任第十一届全国政协委员（2010.02 增补）、中国佛教协会副会长。

班禅额尔德尼确吉杰布原名坚赞诺布，1990 年 2 月 13 日出生于西藏自治区嘉黎县一普通藏族家庭。父亲索南扎巴和母亲桑吉卓玛均读过小学，后来在一次文化补习班上相识、相爱并结婚，生下了一个肤色白皙、五官秀美、双目明亮，右脸上生有一痣，颇具瑞相的男孩。桑吉卓玛的父亲给外孙取名为坚赞诺布，意为"神圣的胜利幢"。

五世达赖画像

经过反复验证、卜算等一系列程序，坚赞诺布被选定为数名候选男童之一，并经数轮筛选后成为参加在大昭寺佛祖释迦牟尼像前金瓶掣签的三名灵童之一，最终被佛祖"法断"坚赞诺布为第十世班禅转世真身，取得法名为：吉尊·洛桑强巴伦珠确吉杰布·白桑布。

按照藏传佛教仪轨和历史定制，班禅转世灵童在被认定并经中央政府批准之后，要举行坐床典礼，也就是继位典礼：经中央政府批准的转世灵童，依照宗教仪轨，升登前世法座，继承前世法统的位置。

1995 年 12 月 8 日第十一世班禅的坐床典礼在班禅大师驻锡地日喀则市扎什伦布寺举行，并授第十一世班禅额尔德尼金册。

宗喀巴的另一著名弟子克珠杰·格勒巴桑，即一世班禅，年长根敦朱巴六岁，且早拜师八年，对创立格鲁派有杰出贡献，因此连同宗喀巴及宗喀巴的另一著名弟子甲曹杰被藏族宗教界合称为"师徒三尊"。1645 年，固始汗（清王朝驻西藏的地方首领）赠予罗桑曲结"班禅博克多"的尊号。这是班禅名号的正式开端。其前三世

大昭寺外一景

班禅是追认的。四世班禅圆寂后，后藏托布加溪卡的一位幼童被认定是他的转世灵童。这样，格鲁派又建立起一个班禅活佛转世系统。1713 年，清康熙帝正式册封五世班禅为"班禅额尔德尼"，并赐金册金印。从此，历代班禅额尔德尼须由中央政府册封。从此，班禅额尔德尼活佛转世系统取得了与达赖喇嘛转世系统平等的宗教地位。

活佛转世系统形成后，经过以上一系列历史演变，最终才形成了以"金瓶掣签"认定活佛转世灵童的制度。在历史上，大活佛转世灵童的认定存在着诸多弊端，转世活佛往往是由"吹忠"（即护法喇嘛）作法降神祷问指定，于是贿赂、假托神言、任意妄指盛行，转世灵童多出自王公贵族之家，一些上层贵族或大喇嘛乘机操纵了宗教大权。最严重的是噶举派红帽系十世活佛趁机提出非分之想，要分扎什伦布寺的财产未遂。失败后，联合廓尔喀入侵后藏，危及国家、百姓安全。为了避免大活佛转世灵童认定中的这些弊端，1792 年乾隆皇帝决定达赖、班禅转世实行"金瓶掣签"制度。对册封的呼图克图的转世，履行"金瓶"（奔巴）掣签。中央直接审批和册封，将活佛转世的认定权掌握在中央手中。为此降旨专门制作了两个金瓶，一个放置在北京雍和宫，一个放在拉萨大昭寺。甘、青、川、藏地区呼图克图的转世灵童，在大昭寺掣签认定。驻京和蒙古地区的呼图克图的转世灵童，则在北京雍和宫掣签认定。

大昭寺内的金佛像

同时，乾隆帝还正式颁布《钦定藏内善后章程二十九条》，该章程明确规定："大皇帝为求黄教得到兴隆，特赐金瓶，今后遇到寻认灵童时，邀集四大护法，将灵童的名字及出生年月，用满、汉、藏三种文字写于签牌上，放进瓶内，选派真正有学问的活佛，祈祷七日，然后由各呼图克图

大昭寺的宗教生活

八世达赖喇嘛像

和驻藏大臣在大昭寺释迦牟尼像前正式拈定，认定达赖、班禅灵童时，亦须将他们的名字用满、汉、藏三种文字写在签牌上，同样进行。"至此，"金瓶掣签"制度以国家法律的形式确立下来。

"金瓶制签"仪式非常隆重，预先要得到皇帝的批准。转世灵童受封后，由驻藏大臣亲自主持坐床典礼。坐床典礼后，转世灵童即正式就任达赖或班禅位。即使有的转世灵童不需要金瓶掣签，也必须先呈报中央政府，经中央派人审察批准后方为有效。

"金瓶掣签"制度一经颁布即得到了达赖喇嘛、班禅额尔德尼及各呼图克图、僧众的衷心拥护。金瓶制成送往拉萨后，八世达赖喇嘛上书表达了对清中央政府的感激之情。"金瓶掣签"制度形成后，掣签大权一直掌握在中央政府手中。在具体实施过程中，其形式或细节后来有所变通，但活佛转世、尤其是达赖、班禅等大活佛转世必须经中央政府批准。综上所述，班禅转世的宗教仪轨自清王朝颁行"金瓶掣签"法规之后，随着历史的发展演变而日臻完善，成为历史定制。

五大昭寺与藏传佛教艺术

大昭寺广场一景

藏族的艺术，是中国文化艺术史上独放异彩的一株鲜花，是藏族人民高度智慧的结晶。其内容丰富，形式多样，具体表现在建筑、雕塑、壁画、唐卡和酥油花等方面，有鲜明的民族特点和艺术风格，是我们研究藏族政治、经济、文化、历史、宗教、民俗等方面的珍贵资料。这里选取大昭寺一些有代表性的作品，分别简略介绍如下：

（一）壮丽奇特的建筑艺术

建筑是历史的活化石。它不仅表现了一个民族的生活空间，更重要的是表现了一种生活方式，一种生产力发展的程度和独特的审美情趣。藏族传统建筑伴随着藏民族社会发展的历史走过了几千年。在这漫长的历史进程中，藏族传统建筑以它独特的风格，在整个藏族文明中扮演了重要的角色，使得我们今天谈论藏族文明的时候，不能不谈藏族传统建筑。

西藏的许多寺庙建筑建在半山腰上，这与古堡式建筑有相同之处，但从本质上来讲，还是有很大的区别。佛教提倡出世的思想，寺庙选址离居民建筑较远。大都建造在半山腰上是避开尘世的需要，而不是为了防御敌人，或者是为了显示权利的高大非凡，这是区别古堡式建筑的特点之一；此外，西藏寺庙尽管远离闹市，在幽静的山沟中寻求僻静处，但建筑本身装饰豪华，富丽堂皇，这与红尘中的宗府建筑形成鲜明对比，这也是区别古堡式建筑的特点。

大昭寺的建筑是以天竺那兰陀寺和毗讫罗摩尸罗寺为模式所建。据传地基是由文成公主选定，汉族工匠设计，尼泊尔尺尊公主监造。该寺建筑分上下两个部分，下部为石墙，下大上小，最上层为平台，平台上为木构宫殿。大昭寺中心大殿建筑屋内的装饰主要表现在柱子、柱头、托木、檐椽、门框、门楣等木构件上，这些地方

西藏许多寺庙都建在半山腰上

大昭寺建筑顶部"金鹿听法"雕塑

雕刻花叶、云气、飞天、动物、人物以及几何图案,把整个殿堂变成木雕艺术世界。这些作品雕刻精细、造型别致,令人叹为观止。一楼正殿内有二十根大柱,柱上的斗拱浮雕有裸体和着衣人物及天鹅、象等鸟兽。屋脊上装有与印度、尼泊尔寺庙相似的铜塔、例莲、莲盘等,还镶有仿埃及寺庙装饰的泥质半圆形狮身人面兽形。

可以看出大昭寺这一建筑是吸收了内地、印度、尼泊尔等建筑的长处,融合了吐蕃古老的建筑特点,形成了一座庙堂兼宫殿的综合性建筑,反映了当时历史条件下吐蕃建筑艺术的水平。

大昭寺

（二）栩栩如生的雕塑艺术

唐卡壁画

雕塑、壁画、雕梁彩绘是大昭寺建筑
艺术的一大特色，为大昭寺披上了绚丽的
浓艳盛装。

雕塑是藏族人民喜闻乐见的一种艺术
形式，因而在藏族工艺中被广泛应用，大
至寺院庙堂的梁柱斗拱、金银铜泥佛像上，
小至珍贵的馈赠礼品及日常生活用具上。
藏族雕塑布局匀称，技法精巧，具有很高

寺院内的壁画雕刻随处可见

的美学价值。如大昭寺一楼正殿的近二十根木柱、斗拱上雕刻的人物、禽兽、花草以及屋檐下的狮身人面半圆雕,刀法简练,都可以称得上是第一流作品。

雕刻更多地用在佛像造型上,表现了佛的神圣性和佛教徒的虔诚心。雕塑的泥质佛像遍布于寺院各大经堂,给人一种目不暇接的感觉。银、铜质雕像水平也很高。如扎什伦布寺的馏金大铜佛——未来佛弥勒菩萨,历时四年铸成。用紫铜二十三万余斤,纯金五百五十八斤,佛像为坐式,身高 22.4 米,妙相庄严,比例协调,是世界第一大铜佛,是藏族人民铸造艺术中的珍品。

藏族的雕刻艺术不仅表现在寺院的建筑、佛像的塑造、印刷诸方面,在日常生活中也多有应用,如妇女的首饰、牛角银包的小烟锅、家用木器家具都雕刻着飞禽走兽、吉祥如意等图案,这些出自民间工匠的手艺,小巧玲珑、形象逼真,寄托着人们向往美好生活的理想和感情。

在雕刻艺术中很值得注意的是,莲花几乎处处都有,并使人们百看不厌,其奥秘所在,据说是释迦牟尼出生时伴有莲花,

莲花生大师像

座位名之为"莲花座"。这说明莲花是佛陀的象征，表现了佛陀自身清净、超凡脱俗的境界。这可能是莲花被广泛应用于雕刻绘画中的主要原因。

作为藏区重要的寺庙，大昭寺里保留着众多雕刻精美的塑像，最能给人留下深刻印象的是莲花生大师像和吉祥天母像。

大昭寺大殿左右各有两尊巨大的佛像。左侧为红教创始人密宗大师莲花生，右侧是未来佛。莲花生大师本来是印度僧人，在公元8世纪进藏，在他进入西藏的同时传入了佛教密宗，即在他之后，藏区才开始出现密宗。藏传佛教尊称他为洛本仁波且(轨范师宝)、古如仁波天(师尊宝)、乌金仁波且(乌仗那宝)，通称白麦迥乃(莲

莲花生大师像

花生）。

　　据多罗那他于 1610 年所著《莲花生传》记载，莲花生大师约于摩揭陀国天护王时出生于乌苌国。也有人说是乌苌国英迪拉菩提（印度金刚乘始祖）之子。开始名为莲花光明，后来由于莲花生大师通晓声明和各种明处，因此得名莲花金刚。其后又拜依一真言阿阇黎寂色为师，跟随他学事、行、瑜伽三部密法，在此期间得密号为莲花生。他后来又跟从瑜伽师乐天和瑜伽母乐持大师，在他们的教导下学习无上部法。

　　莲花生大师曾经周游印度，广访密法

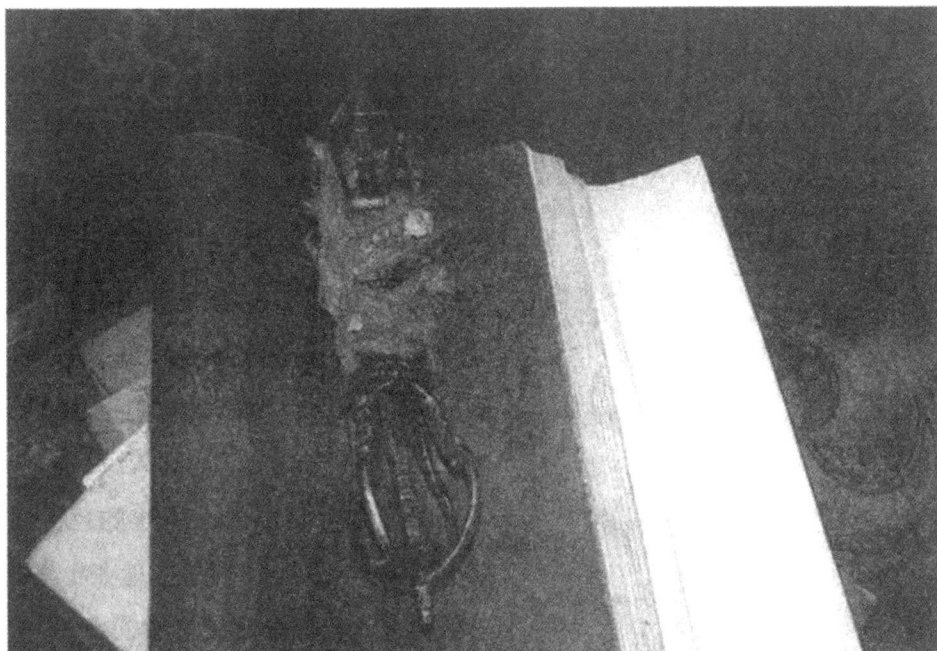

莲花生大师使用过的
金刚杵

大师，成为佛吉祥智的四个证得现法涅槃的弟子之一（另外三人为燃灯贤、极寂友、王种罗睺罗）。他又从吉禅师子学法。据智慧海王所著《莲花生传》载，莲花生跟随吉祥师子学大圆满法，学完之后曾到中国的五台山学习天文历数。莲花生的上师佛吉祥智也曾经立下志向，朝拜五台山；莲花生大师的同学无垢友也到过汉地。基于上诉原因，莲花生一派传授的教法便有很浓厚的汉地禅宗色彩。

吐蕃赤德祖赞即位后，由寂护举荐莲花生大师进藏传授佛法。于是，莲花生大师于 750 年由印度起行至尼泊尔，752 年到达拉萨，当年秋季开始建造桑耶寺，754年桑耶寺完工。761到774年，他组织翻译了许多佛教经典。大约在804年，莲花生离开西藏，继续到印度的达罗毗荼传法，建寺，长达十二年之久。

由于他对藏传佛教所作的巨大贡献，受到各宗派的共同敬仰。他在吐蕃时还培养造就了许多藏传佛教的人才，传说其中得到密宗悉地的，有赞普和臣民二十五人，如虚空藏、佛智、遍照、玉扎宁波、智童、柱德积等人均为当时有名的译师。著述收入甘珠尔及丹珠尔的有八种。宁玛派的密

莲花生大师塑像

大昭寺

部经典大多是由他主持翻译的。后世掘藏
派在山岩石窟中发现了许多经典，这些经
典也多数题为莲花生的著作。

由于他对藏传佛教及文化上的特殊贡
献，人们便在大昭寺为他立像，让人们世
世代代纪念他的千秋功业。

除了莲花生大师像外，大昭寺另外一
个久负盛名的就是吉祥天母像了。吉祥天
母又称吉祥天女，藏语称"班达拉姆"，
是藏密中一个重要女性护法神。她的来历
很复杂，原是古印度神话中的人物，梵语
称"拉吉代米"，传说是天神和天神的仇
敌阿修罗搅动乳海时诞生的。后来婆罗门

镀金铜吉祥天母像

教和印度教把她塑造成一个有血有肉的女神，为她取名"功德天"(又称吉祥天)，说她是毗湿奴的妃子，爱神之母，财神毗沙门之妹，主司命运和财富。最后，她被金刚手菩萨降伏,成了佛教的重要护法神。

在藏密中，吉祥天母颇受崇奉，影响深远。据说，公元7世纪时，藏王松赞干布在拉萨建大昭寺时，请她作大昭寺的护

法。大昭寺的神殿里至今供奉着她的神像。后来她又升格为拉萨城的保护神。由于她护法有功，拉萨地区还形成了专门纪念她的节日——白拉日珠节（意为吉祥天母游幻节日）。这个节日于每年藏历十月十五日举行。届时，喇嘛们从大昭寺抬出吉祥天母像，巡游市中，当来到南城时，总要将神像转身与拉萨河南岸的赤尊赞庙遥遥相视一会。这里还有一段趣闻，据说赤尊赞原是她的丈夫，开始也住在大昭寺，后来被她赶出，住在拉萨河南岸，做了地方保护神。但是他们每年相会一次，以表思念和好之意。从中我们不难体会到佛教"化干戈为玉帛"的宗教和平思想。

大昭寺与藏传佛教艺术

吉祥天母的形象从其名称上看，理应是一位端庄艳丽的女神，可是实际上恰恰相反，她不仅丑陋，而且凶恶吓人。据说有五种常见形象，形貌大体相同。最常见的一种形象是：身体蓝色，头顶橘红色头发竖立，并且上面还饰有五个骷髅。头顶有半月和孔雀毛。头发上面的半月，表明她的法是无上的。面部三目睁得圆而鼓，大嘴如盆，露出两颗虎牙。两个耳朵以动物作耳环，右边耳朵上有小狮子为饰，据说象征听佛道；左耳上挂着小蛇，代表着愤怒。脖子上挂着两串人骨念珠，一串是

吉祥天母用过的法器

干骨的，一串是湿骨的。上身着人皮，据说是她亲生儿子的皮，下身披虎皮。脐上有太阳，象征智慧。腰上挂着账簿，专门记载人们所做坏事的档案，恶人将来要受剥皮处置。她侧身坐在一头骡子身上，两腿张开，赤着脚。吉祥天母坐骑骡子的臀部上有一只眼睛，是她形象的重要标志。她右手拿着短棒，两端有金刚，据说是与阿修罗作战的兵器；左手拿着盛血的人头骨碗，象征幸福。右手的拇指和其余四手指彼此按着，是愤怒的印记。她座下是一张女人皮，女人的头还倒挂在骡子左侧，头发垂地，象征异教徒已被她降伏。她骑着骡子飞行于天上、地上、地下三界，所以又有"三界总主"之称。她骑的黄骡子，在马鞍前端下方有两个红白骰子，红的主杀，白的主教化。鞍子后有一个荷包袋，里面盛着疫病毒菌，也就是说她是主生死、病瘟、善恶的神。

吉祥天母形象的来历还有一段神奇的传说。传说，很久以前，吉祥天母貌美如花，但是这位女神很不本分，有一百个情人，生活淫乱，经常往外跑，与情人幽会。她的父亲为了让她改邪归正，将她抓住，用

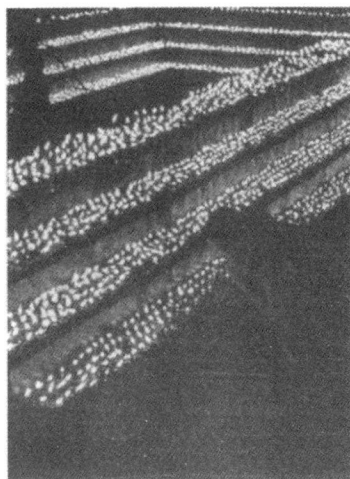

香火烛台

大昭寺一景

铁链将她手脚都锁上，关在狗窝里悔过。母亲心疼她，半夜时分将她放走，情急之中，在马圈里牵出了一头驴作为她的坐骑。父亲听到了驴的声音，骑马追了上来。马自然要比驴子速度快许多，所以很快就追上了她。父亲弯弓搭箭，射向了她。由于是夜晚看不清，父亲的箭只射到了驴的屁股上，那伤口立刻幻化成了一只天眼。父亲再也追不上她了，她骑着那只神驴逃之夭夭。于是，她的父亲天天祈求上苍，赐予她的女儿世上最丑陋的容颜。天长日久，吉祥天母真的从一个貌美如花的女人变成了蓬头怒目的丑陋女人。

据说拨转这些经筒可以
使人的心灵得到净化

后来，她无路可走，只好流浪到东海，与一个叫罗刹的魔鬼结为夫妇，并生下一对女儿，她的女儿都以吃人为生。观音听到此事很生气，于是警告吉祥天母，再不改邪归正，将会降大难于她，并赐予她宝剑一把，限期一百天，杀掉罗刹。由于罗刹是魔鬼，在睡觉的时候，睁一只眼闭一只眼，所以吉祥天母用了九十九天都没能找到机会杀掉他。只剩下最后一天期限了，吉祥天母着急了，将天上的月亮摘了下来，吞到了肚子里，在一片漆黑中，将罗刹杀死。

后来，吉祥天母决定要离开这块地方。

大昭寺建筑一角

她听到后面有脚步声，回头一看，原来是两个女儿跟在身后。她想，以后她们长大了，也会为祸人间，不如斩草除根，于是一剑下去，两个女儿成了有身无头的人。即使是有身无头，这两个女儿依然执著地跟着母亲前行。母爱让吉祥天母停下了脚步，她舍不得自己的孩子。于是她又砍下了海狮和鳄鱼的头，安在了女儿身上。吉祥天母终于修成了神，观音派她在每年大年三十的那一天出门制止恶行。她的兜里揣着魔鬼，看到有谁做了恶事，就放出魔鬼吃掉他。最后，吉祥天母成了西藏的保护神，每当需要测定转世灵童的时候，就

大昭寺

会有大活佛到山南的拉姆拉措湖边诵经祈祷。

（三）绘影绘声的壁画艺术

藏族壁画是绘制在寺院庙堂和僧舍墙壁上的一种绘画，是绘画艺术的另一种形式。壁画多为大幅巨作，一般高三四米不等，其长度像画廊，约有数十米。壁画染料采用石质矿物，有数十个品种。绘画时在颜料中调入动物胶和牛胆汁，以便于凝固，起到保持光泽，增强牢固的作用。壁画的取材内容和唐卡一样，极其丰富生动。总的说来，取材于佛经和藏传佛教诸密宗经典的故事传说占多数，其次是历史事件和人物传记，再就是反映藏族风土人情和一些民间传说。

大昭寺壁画

大昭寺是西藏宗教与历史的博物馆。在寺内庭院的墙壁上，保留着各个时期的壁画四千多平方米，这些不仅是艺术价值很高的作品，而且是珍贵的史料。总之，藏族壁画以注重写实又富于浪漫为主要特征，色彩比较强烈，构图强调充实，由此形成了独特风格，具有极大的感染力。

大昭寺现存壁画的题材绘制主要为八世达赖时期壁画形制的基本延续，八世达

赖指示赤勒巴诺门罕在水兔年 (1783 年)
对大昭寺进行了修缮。按照指示，将大昭
寺中心的八廓街外墙、大围廊、殿门抱厦、
内外佛殿、讲经场、坛城中心、二楼顶层
等壁画，按照原画作了新的绘制，大围廊
的壁画本应按照五世达赖喇嘛的主张绘上
《本生传如意藤》一画，但当时却绘上了
千佛像图。水兔年 (1783 年) 八廓街内墙
扩展时，还没有绘制大量的壁画，但卓玛
拉康 (度母殿) 的一面墙却绘有《佛王福
田施主臣僚主仆》的壁画，从那年 (水兔
年) 以后，就在围廊上绘制了《菩萨传记
如意树藤》，后门绘制了极乐净土，并画

大昭寺一角

大昭寺

上守门神马头明王、莲花金刚和护贝龙王母等护法神像。外门的左右墙面上绘制了四大天王，南门内的左右墙上绘制了壁画松赞干布及其臣僚。他的南面是佛祖雪域海图和圣境吉祥聚米洲（哲蚌寺），此外还绘有藏地三大金刚座圣地布达拉宫，三大寺等汉藏的众多圣境刹土。

大昭寺壁画，以建寺初期寺壁上所绘的难以数计的苯教、佛教题材和传奇中所表现出的各种事迹以示庄严而著称于世，这些题材包括佛、菩萨、声闻像、佛本生经变相、高僧大德、教派祖师、赞普王统等。同时，此时期已出现了源自苯教的神灵崇拜并已趋于佛教密宗绘画题材的绘画

唐卡壁画

形式。

大昭寺主殿一楼的四壁绘有"释迦牟尼八相图""文成公主进藏图""欢庆图"以及大量显密二宗佛像及观音像等壁画。二楼的"曲结竹普"殿，意为"法王石窟"，殿内壁画以大型"蔓荼罗"图为主，周围布以众佛及"护国药叉""金刚萨垂""绿度母""叶衣母"等密宗图像，图案纹饰和造型参差错落，各具姿态。大昭寺主殿二楼回廊也绘有一批精美的壁画，呈现佛教绘画初来藏地的古朴本貌。壁画题材均是佛教内容，如"文殊""观音""龙女""火救度母"等。

大昭寺转经廊壁画按照从桑登门出来右转的顺序，分内、外两侧。内侧有按《经藏大部》内容绘制的大海刹土；出自《般若十万颂》前言内容的刹土；未来强巴佛的十宏化；朝东拐弯凸部绘有神变节日之主供佛祖。由随从舍利子、目莲子、神人、罗汉所围绕。再右转至南墙壁也有壁画，依次绘有佛祖降外道六尊及随从的历史；从色杰国王迎请传教和佛陀及随从传教至苏坚宁波国国王迎请的各种神变宏化的内容。外侧壁画的内容以"释迦百行转"故

事为主。

大昭寺壁画众多，这里给大家介绍其中的三幅。丹玛天女像，度母像，吐蕃武士像。

度母，梵音作"多罗"，藏语称"卓玛"，也称"救度母""救度佛母"。藏传佛教密宗依救度八难而定的一类本尊佛母。传说她是观世音菩萨化身，是救苦救难本尊。依身色、标志、姿态不同，分为二十一度母。据《大日经》记载，这二十一度母都是从观音的眼睛中变化来的，有白金色、蓝色、绿色、红色、白色等。因为度母冰清玉洁，端庄严肃，语言悦耳动听，而且见多识广，洞悉一切，深受信徒喜爱。最受人尊敬和最常见的是白度母和绿度母。也有人说在

白度母像

一个名叫多光的世界，度母曾经是一位国王的公主，名叫慧月。她立下誓言，用女人之身修成正果。在如来上师的面前，她发誓拯救众生脱离灾难，故有"救八大难"之称。她象征诸佛之法力与尊严，尤其象征用女人之身成佛；肤色象征成就与智慧；法器象征将众生救难于轮回。总之，她是一切摩羯及灌顶之神。如修念二十一度母此尊，无论做何事，迅速成就。特别指出的是，自从她向世尊与观音发愿菩提心的时候起，法缘深厚，所以福力广大，善瑞非凡。

除了度母这一女神像，大昭寺更有名的壁画就是丹玛天女像了。此幅丹玛（大梵天）壁画绘于大昭寺二楼密宗护法神殿，壁画采用藏语称"那孜"的特殊表现技法，即藏传佛教绘画艺术中以墨色为胜的一种独特表现形式。以黑色为底，用纯金为色勾勒后再画龙点睛地点缀少量色彩，或象征性地晕染出人物景物的主要结构和明暗。这类黑底壁画大多采用中心构图法，即以一尊神佛像作为中心主尊像，以较大的造型体量、醒目的色彩、夸张的造型语言和精细的描绘突出表现。画面神秘深邃、神圣典雅。此幅丹玛神灵造型身色如同一万束月光发出的白光，生有一面三目二臂。右手持着一把如同天高的水晶长剑，左手持着装满珍宝的平盘、如同太阳光般的神奇光绳套和缚有旗帜的长矛。发髻上戴有白海螺。身体装饰着天界珍宝，穿金盔甲，盔甲上有孔雀翎毛尖顶，并有摩羯形饰品，骑一匹肤如金色的宝马，快如云彩，马身上缀满了用天界宝石制成的所有马饰。梵天勇敢智慧，身形非常漂亮，呈慈祥平和面相，并能用她的第三只眼洞察

丹玛女神像

四天女像

大昭寺

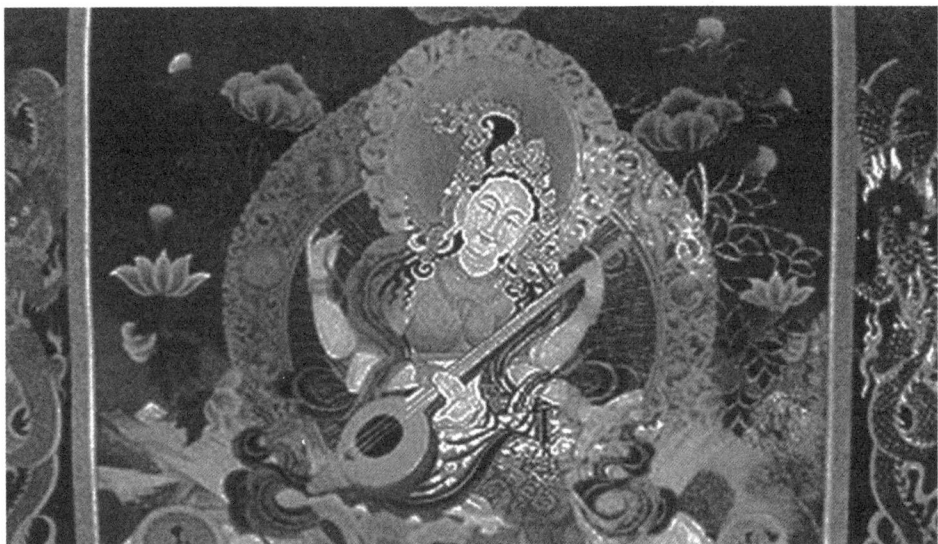

三界，护卫众生。

丹玛天女（大梵天），又称梵王天、梵天、梵王、梵童子、世主天，娑婆世界主。音译为摩诃梵、梵摩三钵；意思是清净、离欲。大梵天以自主独存，被人称作众生之父，自然而有，无人能造之，后世一切众生皆其化生；并谓已尽知诸典义理，统领大千世界，以最富贵尊豪自居。尔后婆罗门以大梵天为最尊崇之主神，也是印度万神殿中最重要的神灵之一。但在藏传佛教中经常见到的梵天被表现为一位白色的名叫白梵天的护法神灵。虽然在神巫的仪式中伴随了一些源于印度的宗教观念，但其还是表现了属于誓愿系的古代西藏土著神灵许多个性特征。

吐蕃时期，大昭寺还绘有一个吐蕃武士像。这位吐蕃武士神态庄严，威猛勇敢，浑身散发着一种浩然正气。他头戴插有鸟羽的头盔，全身披甲，左手紧握长剑，右手持挂有军旗的长矛，在吐蕃军旗中的兽形图案象征着所向披靡的威猛、智慧之光的指引和护卫。他高大伟岸，神情凝重，嘴唇紧闭，富有特征的胡须显示出久经沙场的干练和从容；圆睁的双目凝视前方，似有剑拔弩张、千军待发、战无不胜、气吞山河之势。武士头后的圆形头光，则又喻示着作为藏传佛教信仰的慈悲、智慧、和谐哲理对藏地文化的深刻影响。这幅壁画也是吐蕃历史的一个缩影。

古代的吐蕃王朝是一个军事政权，军

大昭寺的宏伟建筑

队兵强马壮，装备精良，人马多披锁子甲，有的周身仅露两个眼窝，骁勇善战。武将的头盔形如宝塔，有花纹、鱼鳞等装饰，战士头盔上常装饰三只彩旗或鸟羽，以表示出生年月。吐蕃赞普举行仪式和打仗出征时的将士们都穿着红色服装。藏族人认为红色是权力的象征，是英勇善战、斗志旺盛的刺激色，并以红色为尊。赞普及左右官员皆以面涂红为威严。这与藏族原始苯教的杀牲血祭习俗相关。赞普时期，藏族男子的服装是长袍之上套着皮类、锦缎相饰的无袖上衣，也穿着皮类等做成的半月形布装以及下裙或短装、缎面下装、头上缠着丝巾。参加征战时，身着甲胄手执兵器。盾牌、带剑套、平箭、弓弦、柄、

晒佛节大会上人潮涌动

石囊、石簧、箭袋等是当时所使用的武器。吐蕃时期，自将帅至士兵都有一整套服饰规定，可以说是制度严谨。

（四）别开生面的唐卡艺术

大昭寺除保存了大量珍贵的壁画外，寺中还珍藏了很多精美的唐卡。拉萨大昭寺现珍藏有两幅明代刺绣唐卡，上面有"大明永乐年施"六字题款。一幅画面为"第恰"（胜乐金刚），另一幅为"杰吉"（大威德）。这是格鲁派供奉的"桑第杰松"——密宗三佛像中的两幅。全套应为三幅，有一幅不知下落。这两幅五百多年前的刺绣唐卡色泽鲜艳，保存得非常完整，是难得的艺术珍品。据载："永乐十七年（1419

大昭寺与藏传佛教艺术

唐卡

年）十月癸未，遣中官杨英等赍敕往赐乌思藏"。这个使团据说由一百二十人组成，带来了很多珍贵礼物。后来把他们的名字刻在石碑上，立在大昭寺的坛场中心，今已不存。这两幅唐卡可能是由杨英带来，后赐给大昭寺的。

唐卡是藏族文化中一种著名的艺术表现形式。唐卡（藏语音译）本意有二：一是平坦的意思，一是指政府的诏令，后逐渐演变为专指一种特殊的卷轴书。大型的唐卡叫"国固"，每年的雪顿节期间，西藏的三大寺都要举行展佛活动。一种是印刷着色唐卡，先将画好的图像刻成雕板，用墨印于薄绢或细布上，然后着色装裱而成。

唐卡起源于何时，有待进一步地考查。其历史大体可以追溯到吐蕃以前。到了公元7世纪初，赞普松赞干布统一全藏，揭开了西藏历史新的一页。松赞干布先后与尼泊尔尺尊公主、唐文成公主联姻，加强了政治、经济和文化的联系。两位公主进藏，分别由尼泊尔和中原带去大量的佛教经典、营造工艺、历法星算、医药书籍以及大批工匠等，对西藏文化的发展起了积极的推动作用。在吐蕃王朝时期，相继修筑了雍布拉康宫、布达拉宫、帕崩卡宫、强巴明久林宫、秦浦宫、扎玛宫、庞塘宫等华丽的宫殿，建筑规模空前。为装饰这些宏伟壮丽的宫室，需要更多的人来从事绘画活动，这无疑促进了西藏绘画艺术的发展。据五世达赖所著《大昭寺目录》一书记载："法王（松赞干布）用自己的鼻血绘画了一幅白拉姆女神像。"这幅相传为松赞干布亲自绘制的唐卡虽已不复传世，但从西藏绘画艺术发展的过程来看，唐卡是在松赞干布时期兴起的一种新颖绘画艺术则是可以肯定的。真正开始并大规

明代刺绣唐卡

唐卡

模采用唐卡这一形式，大约在明朝。

随着这一时期佛教传入西藏，与佛教有关的文化如寺院建筑、绘画、佛经等也相应发展，唐卡便是其中的一部分。它的特点是装饰性强，收藏方便，很适应吐蕃时期佛教传布的需要。经过长时期的发展，具有鲜明的民族特点、浓郁的宗教色彩和独特的艺术风格的唐卡，在西藏佛教艺术中确立了自己的位置。

唐卡（卷轴画）代表藏族艺术的最高成就，是我们足以自豪的宝贵文化遗产。唐卡是用纸、布或丝织品当做底，用彩缎镶边装裱而成的彩色卷轴画。唐卡有大有小，最大的长达数十米，最小的一尺见方。唐卡颜料大多是采用彩色矿物染料，历经几十年、数百年之久，仍可保持艳丽的色泽。

唐卡的题材和内容比较广泛生动，其中尤以佛教内容为主题的佛像唐卡及表现历史人物事件的唐卡随处可见。另外还有科技文化等方面的唐卡，如人体解剖学、动植物药料、天文地理等，反映了藏族人民的医学科技、天文地理等方面的研究成果。唐卡表现的题材，以佛像画和高僧传

唐卡

记画最为普遍，也有一些反映民间生活习俗的，还有少数是描绘西藏天文历法和藏医藏药的。

　　唐卡的品种和质地丰富多彩。以制作技艺论，有画、绣、缂丝、粘贴、镶嵌，以质地论，有纸、布、丝绸等等，其中用麻布或丝绸为底布，以绘画形式制作的占绝大多数。唐卡以色彩绚丽著称，所用颜料多为传统的有色矿石，画成装裱后，再用彩缎拼接边框作装饰，最后，还需延请喇嘛念经加持，一幅完整的唐卡才算制成。

　　随着明、清宫廷对藏传佛教的接受和推崇，清代宫廷佛殿中收藏的唐卡数量也越来越多。清宫唐卡的主要来源，一是由

大昭寺与藏传佛教艺术

清代唐卡

清代唐卡

达赖、班禅等人进贡，二是宫廷画佛喇嘛、宫廷画师制作。宫内收藏的唐卡，内容基本上都是表现西藏宗教历史或人物的，如"达赖像""班禅像""释迦牟尼佛"等等，少有反映西藏民间风俗和医学、天文、历算等题材的，这说明清朝各代皇帝特别是乾隆对藏传佛教的推崇与信仰。引人注目的是，这些唐卡中居然还有几幅是清朝皇帝身着佛装的画像，皇帝成为唐卡的题材，正是藏传佛教在清宫中重要地位的反映。

清宫收藏的唐卡，都是经过精细加工而成的，其工艺、质地和装潢较西藏民间唐卡精美，如缂丝唐卡、刺绣唐卡等，但就个别而论，也有些西藏民间的唐卡，如用珠宝镶嵌成的则是宫中唐卡所不及的。在品种上，宫中唐卡主要是绘画和织绣两类。另外，清宫唐卡和西藏民间唐卡还有一个显著的区别，即前者的背面一般都粘有一块用藏、蒙、满、汉四种文字书写的本唐卡的名称及简单介绍的黄绢。这为我们研究清宫藏传佛教历史和艺术提供了宝贵的资料。

大昭寺